Impressum
Verlag: BABADADA GmbH, Nedderfeld 112 , 22529 Hamburg
Geschäftsführer / Verlagsleitung: Harald Hof
Druck: Books on Demand GmbH, In de Tarpen 42, 22848 Norderstedt

Imprint
Publisher: BABADADA GmbH, Nedderfeld 112 , 22529 Hamburg, Germany
Managing Director / Publishing direction: Harald Hof
Print: Books on Demand GmbH, In de Tarpen 42, 22848 Norderstedt, Germany

школа
Šola

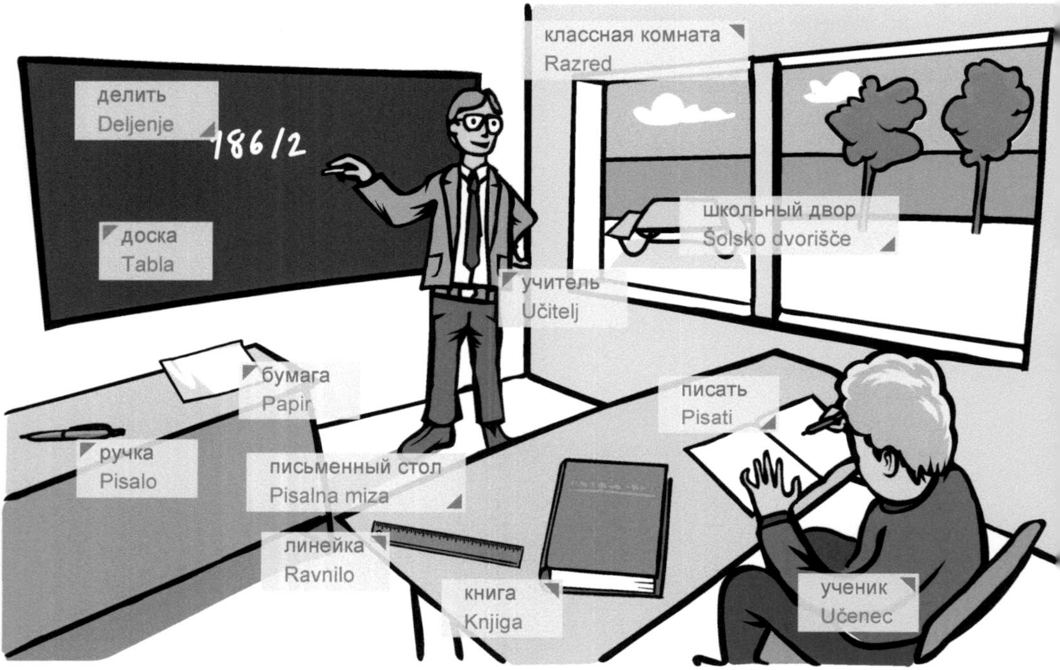

классная комната
Razred
делить
Deljenje
186/2
доска
Tabla
школьный двор
Šolsko dvorišče
учитель
Učitelj
бумага
Papir
писать
Pisati
ручка
Pisalo
письменный стол
Pisalna miza
линейка
Ravnilo
книга
Knjiga
ученик
Učenec

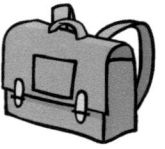

ранец
Šolska torba

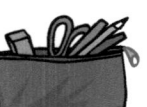

пенал
Peresnica

карандаш
Svinčnik

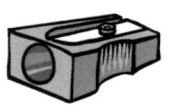

точилка
Šilček

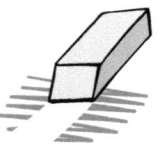

ластик
Radirka

альбом для рисования
Risalni blok

рисунок

Risba

кисточка

Čopič

коробка красок

Vodene barvice

ножницы

Škarje

клей

Lepilo

тетрадь

Zvezek

домашняя работа

Domača naloga

цифра

Število

прибавлять

Seštevanje

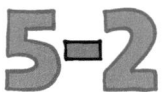

вычитать

Odštevanje

умножать

Množenje

считать

Računanje

буква

Črka

алфавит

Abeceda

hello

слово

Beseda

текст

Besedilo

читать

Brati

мел

Kreda

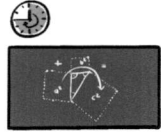

урок

Učna ura

классный журнал

Redovalnica

экзамен

Preizkus znanja

диплом

Spričevalo

школьная форма

Šolska uniforma

образование

Izobrazba

энциклопедия

Enciklopedija

университет

Univerza

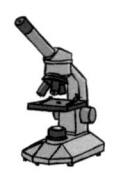

микроскоп

Mikroskop

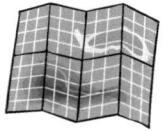

карта

Zemljevid

корзина для бумаг

Koš za smeti

путешествие

Potovanje

гостиница
Hotel
Grand
турбаза
Hostel
ROOMS
пункт обмена валюты
Menjalnica
CHANGE
чемодан
Kovček
автомобиль
Avtomobil

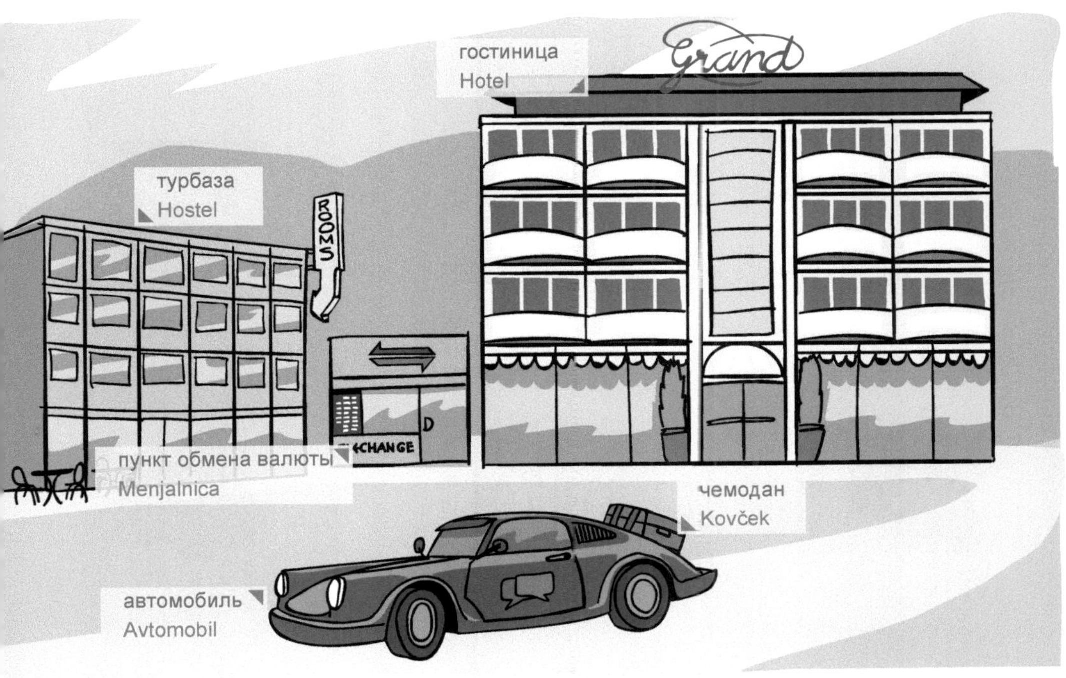

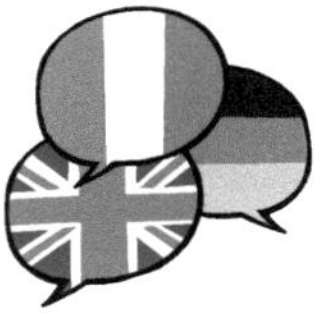

язык

Jezik

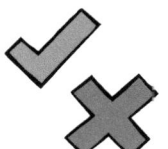

да / нет

da / ne

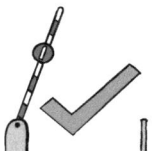

хорошо

Prav

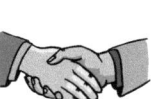

Привет

Pozdravljeni

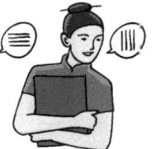

переводчик

Prevajalec

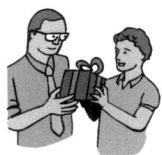

Спасибо

Hvala

Сколько стоит…?

Koliko stane…?

Я не понимаю

Ne razumem

проблема

Težava

Добрый вечер!

Dober večer!

Доброе утро!

Dobro jutro!

Доброй ночи!

Lahko noč!

До свидания

Nasvidenje

направление

Smer

багаж

Prtljaga

сумка

Torba

рюкзак

Nahrbtnik

гость

Gost

комната

Soba

спальный мешок

Spalna vreča

палатка

Šotor

туристическая информация
Turistične informacije

пляж
Plaža

кредитная карточка
Kreditna kartica

завтрак
Zajtrk

обед
Kosilo

ужин
Večerja

билет
Vozovnica

лифт
Dvigalo

почтовая марка
Znamka

граница
Meja

таможня
Carina

посольство
Veleposlaništvo

виза
Vizum

паспорт
Potni list

транспорт

Prevoz

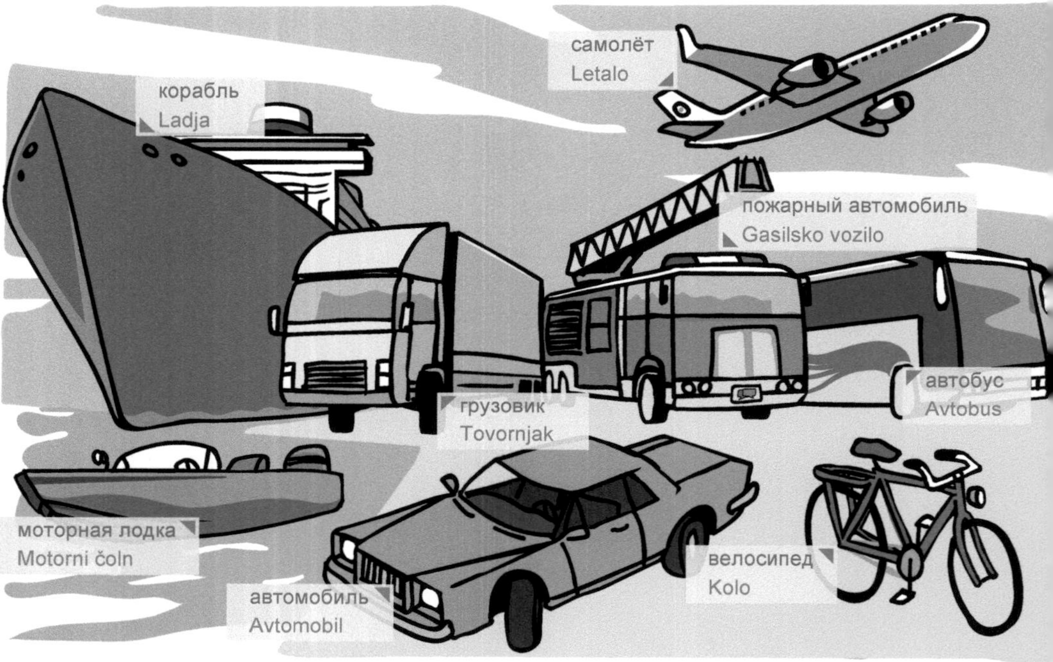
самолёт
Letalo
корабль
Ladja
пожарный автомобиль
Gasilsko vozilo
грузовик
Tovornjak
автобус
Avtobus
моторная лодка
Motorni čoln
велосипед
Kolo
автомобиль
Avtomobil

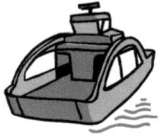

паром

Trajekt

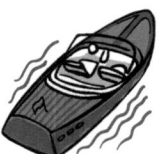

лодка

Čoln

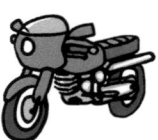

мотоцикл

Motorno kolo

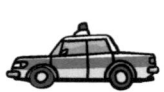

полицейский автомобиль

Policijski avto

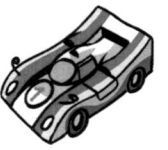

гоночный автомобиль

Dirkalni avto

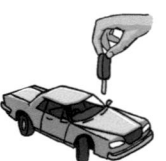

арендованный автомобиль

Najeto vozilo

совместное пользование
автомобилями

Souporaba avtomobila

буксировочный
автомобиль
Avtovleka

мусоровоз

Smetarsko vozilo

двигатель

Motor

топливо

Gorivo

заправка

Bencinska postaja

дорожный знак

Prometni znak

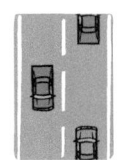

движение

Promet

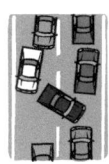

пробка

Zastoj

автостоянка

Parkirišče

вокзал

Železniška postaja

рельсы

Tirnice

поезд

Vlak

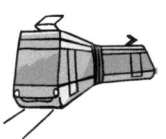

трамвай

Tramvaj

вагон

Vagon

вертолёт

Helikopter

аэропорт

Letališče

вышка

Stolp

пассажир

Potnik

контейнер

Kontejner

коробка

Karton

тележка

Voziček

корзина

Košara

взлетать / приземляться

vzleteti / pristati

город
Mesto

деревня

Vas

центр города

Mestno jedro

дом

Hiša

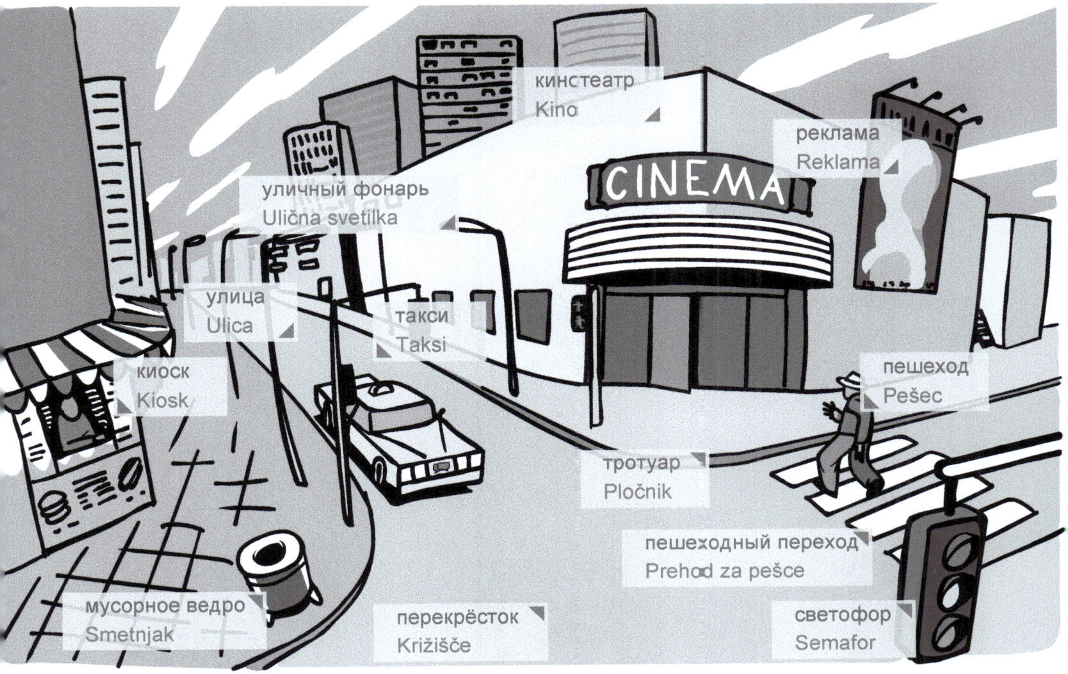

кинстеатр
Kino
реклама
Reklama
CINEMA
уличный фонарь
Ulična svetilka
улица
Ulica
такси
Taksi
киоск
Kiosk
пешеход
Pešec
тротуар
Pločnik
пешеходный переход
Prehod za pešce
мусорное ведро
Smetnjak
перекрёсток
Križišče
светофор
Semafor

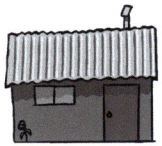

хижина

Koča

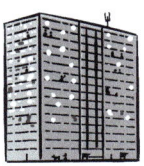

квартира

Stanovanje

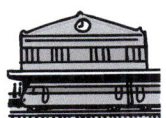

вокзал

Železniška postaja

ратуша

Mestna hiša

MUSEUM

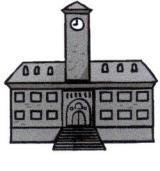

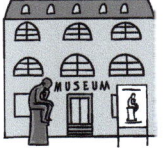

музей

Muzej

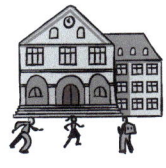

школа

Šola

университет

Univerza

банк

Banka

больница

Bolnišnica

гостиница

Hotel

аптека

Lekarna

офис

Pisarna

книжный магазин

Knjigarna

магазин

Trgovina

цветочный магазин

Cvetličarna

супермаркет

Supermarket

рынок

Tržnica

универмаг

Veleblagovnica

торговец рыбой

Ribarnica

торговый центр

Nakupovalno središče

порт

Pristanišče

парк

Park

скамейка

Klop

мост

Most

лестница

Stopnice

метро

Podzemna železnica

тоннель

Predor

автобусная остановка

Avtobusno postajališče

бар

Bar

ресторан

Restavracija

почтовый ящик

Poštni nabiralnik

табличка с названием
улицы

Ulična tabla

паркометр

Parkirna ura

зоопарк

Živalski vrt

бассейн

Kopališče

мечеть

Mošeja

ферма
Kmetija

загрязнение окружающей среды
Onesnaževanje

кладбище
Pokopališče

церковь
Cerkev

детская площадка
Otroško igrišče

храм
Tempelj

ландшафт
Pokrajina

лист
List

дорожный указатель
Kažipot

дорога
Pot

луг
Travnik

камень
Kamen

дерево
Drevo

путешественник
Pohodnik

река
Reka

трава
Trava

цветок
Cvetlica

долина

Dolina

гора

Hrib

озеро

Jezero

лес

Gozd

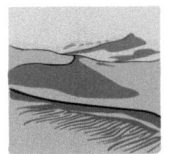

пустыня

Puščava

вулкан

Vulkan

замок

Grad

радуга

Mavrica

гриб

Goba

пальма

Palma

комар

Komar

муха

Muha

муравей

Mravlja

пчела

Čebela

паук

Pajek

жук

Hrošč

лягушка

Žaba

белка

Veverica

еж

Jež

заяц

Zajec

сова

Sova

птица

Ptič

лебедь

Labod

кабан

Divji prašič

олень

Jelen

лось

Los

плотина

Jez

ветряной генератор

Vetrnica

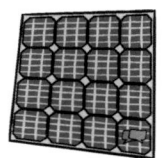

солнечная батарея

Solarna plošča

климат

Podnebje

ресторан
Restavracija

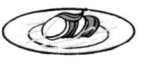

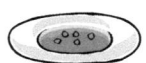

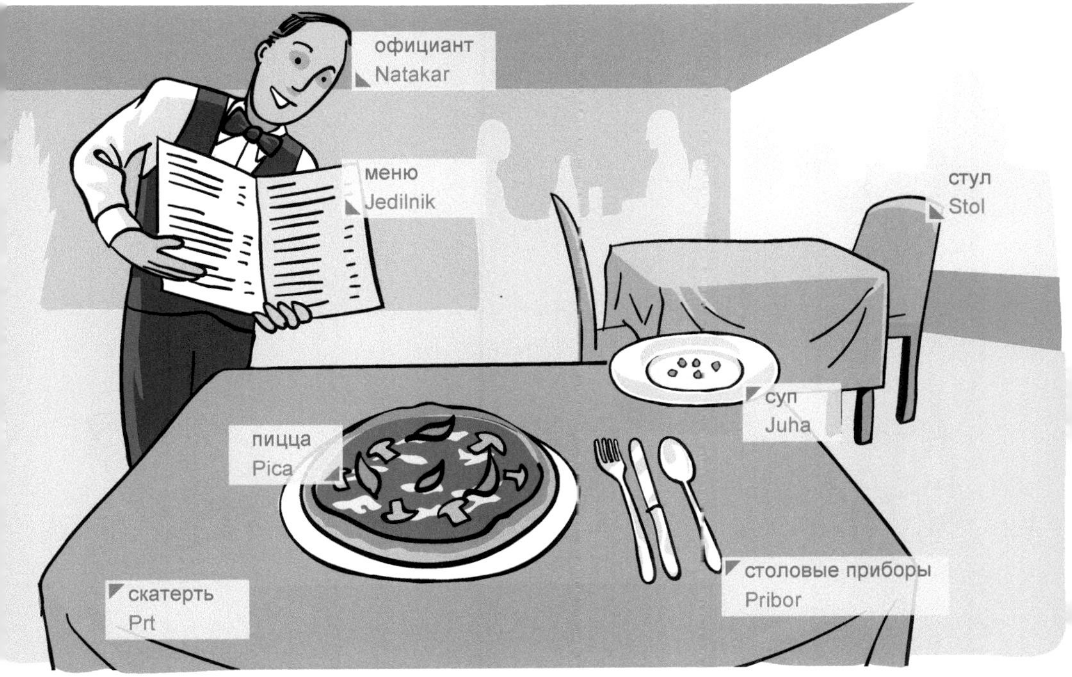
официант
Natakar
меню
Jedilnik
стул
Stol
суп
Juha
пицца
Pica
столовые приборы
Pribor
скатерть
Prt

закуска

Predjed

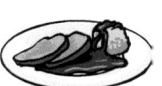

главное блюдо

Glavna jed

десерт

Sladica

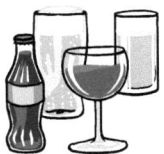

напитки

Pijače

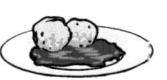

еда

Hrana

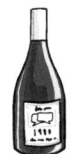

бутылка

Steklenica

фастфуд

Hitra hrana

уличная еда

Ulična hrana

чайник

Čajnik

сахарница

Sladkornica

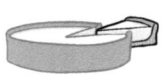

порция

Porcija

кофеварка

Aparat za espresso

детский стульчик

Stolček za hranjenje

счет

Račun

поднос

Pladenj

нож

Nož

вилка

Vilica

ложка

Žlica

чайная ложка

Čajna žlička

салфетка

Servieta

стакан

Kozarec

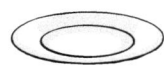

тарелка

Krožnik

суповая тарелка

Globoki krožnik

блюдце

Krožniček

соус

Omaka

солонка

Solnica

мельница для перца

Mlinček za poper

уксус

Kis

масло

Olje

специи

Začimbe

кетчуп

Kečap

горчица

Gorčica

майонез

Majoneza

супермаркет

Supermarket

специальное предложение
Posebna ponudba
FOR
покупатель
Stranka
молочные продукты
Mlečni izdelki
фрукты
Sadje
тележка для покупок
Nakupovalni voziček

BUTCHERS

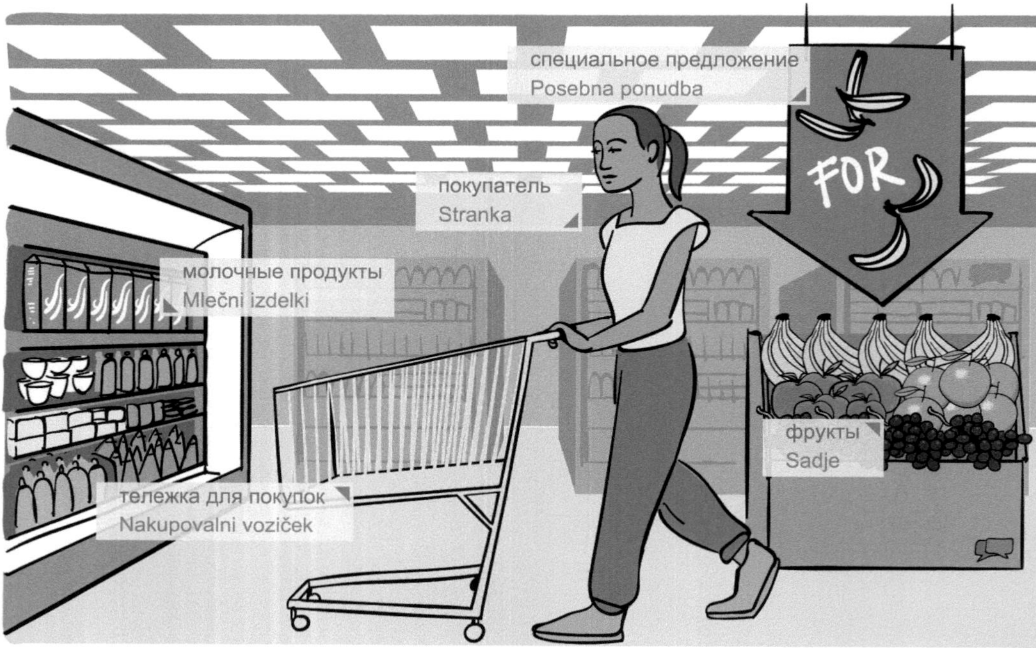

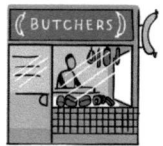

мясной магазин

Mesnica

BAKERY

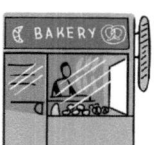

пекарня

Pekarna

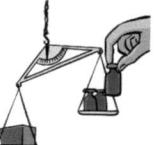

взвешивать

Tehtati

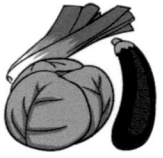

овощи

Zelenjava

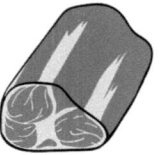

мясо

Meso

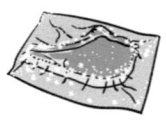

быстрозамороженные продукты

Zamrznjena hrana

нарезка

Hladne mesnine

консервы

Konzerve

стиральный порошок

Pralni prašek

сладости

Sladkarije

предмет домашнего обихода

Gospodinjski izdelki

моющее средство

Čistilno sredstvo

продавщица

Prodajalka

касса

Blagajna

кассир

Blagajnik

список покупок

Nakupovalni seznam

время работы

Delovni čas

бумажник

Denarnica

кредитная карточка

Kreditna kartica

сумка

Torba

полиэтиленовый пакет

Plastična vrečka

вода

Voda

сок

Sok

молоко

Mleko

кока-кола

Kola

вино

Vino

пиво

Pivo

алкоголь

Alkohol

какао

Kakav

чай

Čaj

кофе

Kava

эспрессо

Espresso

капучино

Kapučino

банан

Banana

яблоко

Jabolko

апельсин

Pomaranča

арбуз

Lubenica

лимон

Limona

морковь

Korenje

чеснок

Česen

бамбук

Bambus

лук

Čebula

гриб

Goba

орехи

Oreščki

лапша

Rezanci

спагетти

Špageti

рис

Riž

салат

Solata

картофель фри

Ocvrt krompirček

жареный картофель

Pečen krompir

пицца

Pica

гамбургер

Hamburger

сэндвич

Sendvič

шницель

Zrezek

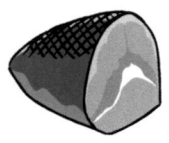

ветчина

Šunka

салями

Salama

колбаса

Klobasa

курица

Piščanec

жаркое

Pečenka

рыба

Riba

овсяные хлопья

Ovseni kosmiči

мюсли

Musli

кукурузные хлопья

Koruzni kosmiči

мука

Moka

круассан

Rogljiček

булочка

Žemlja

хлеб

Kruh

тост

Prepečenec

печенье

Piškoti

масло

Maslo

творог

Skuta

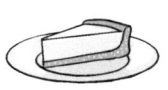

пирог

Torta

яйцо

Jajce

яичница

Pečeno jajce na oko

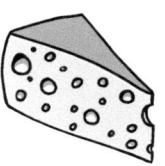

сыр

Sir

мороженое

Sladoled

сахар

Sladkor

мёд

Med

мармелад

Marmelada

крем с нугой

Čokoladni namaz

карри

Kari

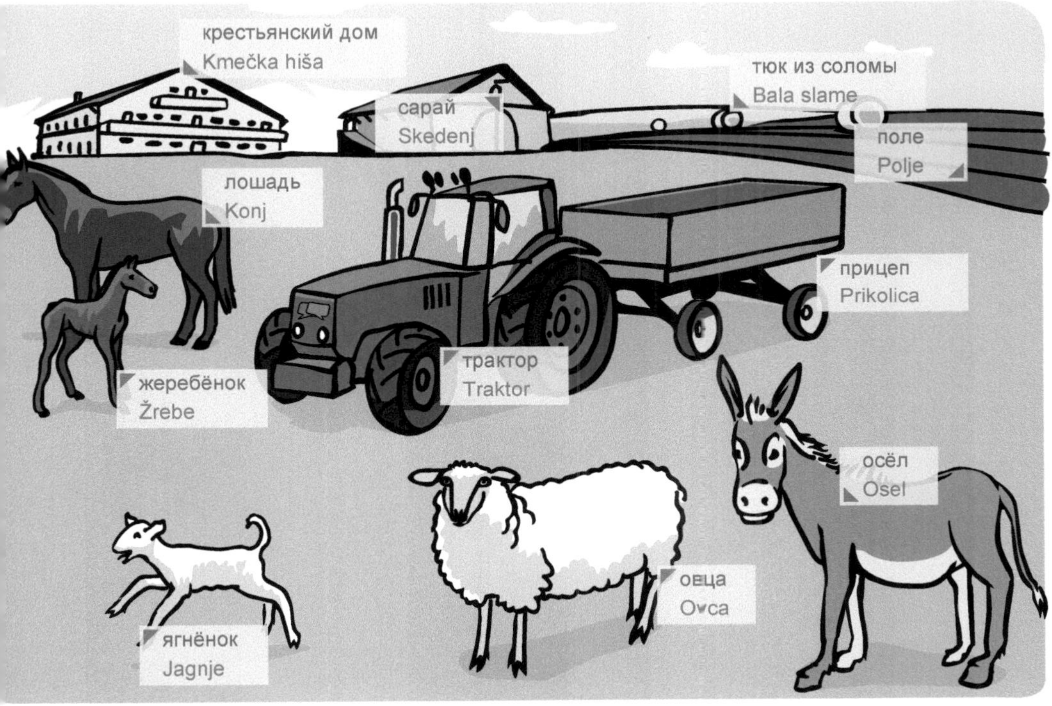

крестьянский дом
Kmečka hiša

тюк из соломы
Bala slame

сарай
Skedenj

поле
Polje

лошадь
Konj

прицеп
Prikolica

жеребёнок
Žrebe

трактор
Traktor

осёл
Osel

овца
Ovca

ягнёнок
Jagnje

коза

Koza

корова

Krava

телёнок

Tele

свинья

Prašič

поросёнок

Pujsek

бык

Bik

гусь

Gos

утка

Raca

цыплёнок

Piščanec

курица

Kokoš

петух

Petelin

крыса

Podgana

кошка

Mačka

мышь

Miš

вол

Vol

собака

Pes

конура

Pasja uta

садовый шланг

Cev za zalivanje

лейка

Kangla za zalivanje

коса

Kosa

плуг

Plug

серп
Srp

мотыга
Motika

навозные вилы
Vile

топор
Sekira

тачка
Samokolnica

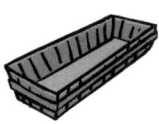

корыто
Korito

бидон для молока
Kangla za mleko

мешок
Vreča

забор
Ograja

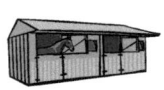

хлев
Hlev

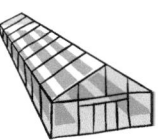

теплица
Rastlinjak

почва
Prst

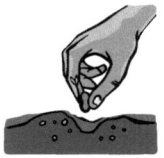

посев
Seme

удобрение
Gnojilo

комбайн
Kombajn

собирать урожай

Žeti

урожай

Žetev

ямс

Jam

пшеница

Pšenica

соя

Soja

картофель

Krompir

кукуруза

Koruza

рапс

Oljna ogrščica

фруктовое дерево

Sadno drevo

маниок

Maniok

злаки

Žito

дом

Hiša

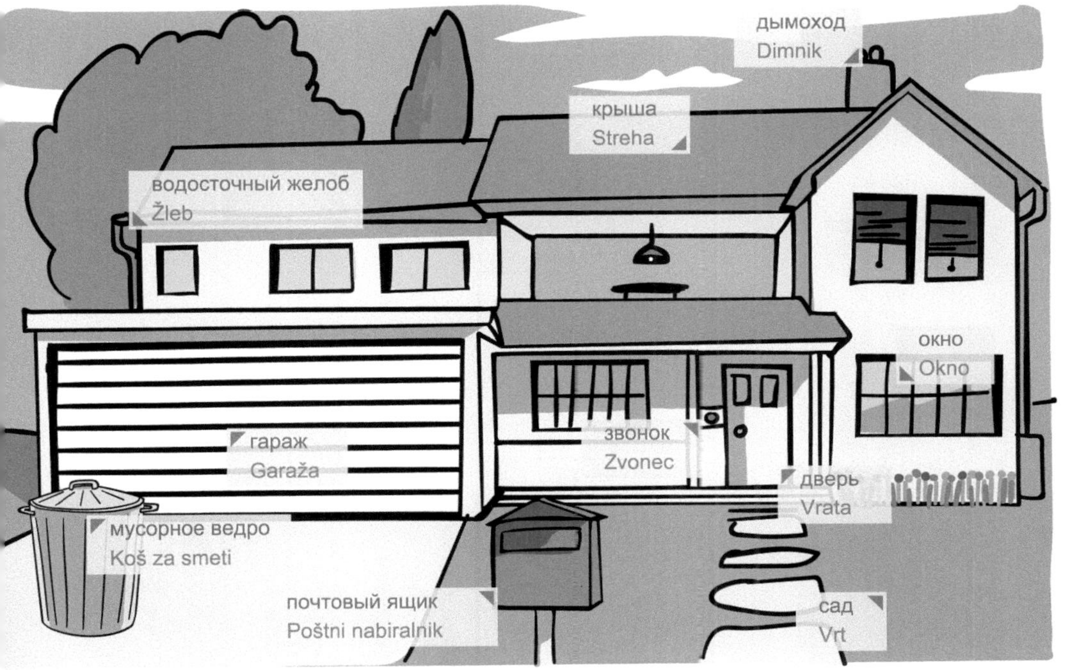
дымоход
Dimnik
крыша
Streha
водосточный желоб
Žleb
окно
Okno
гараж
Garaža
звонок
Zvonec
дверь
Vrata
мусорное ведро
Koš za smeti
почтовый ящик
Poštni nabiralnik
сад
Vrt

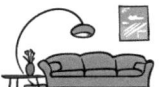

гостиная

Dnevna soba

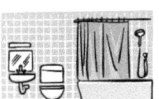

ванная комната

Kopalnica

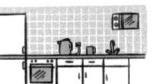

кухня

Kuhinja

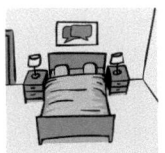

спальня

Spalnica

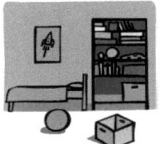

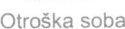

детская комната

Otroška soba

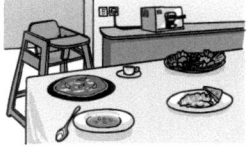

столовая

Jedilnica

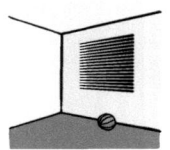

пол

Tla

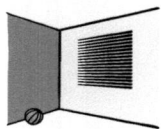

стена

Stena

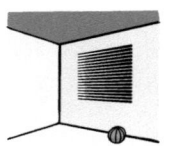

потолок

Strop

подвал

Klet

сауна

Savna

балкон

Balkon

терраса

Terasa

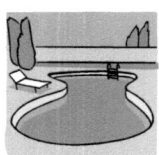

бассейн

Bazen

газонокосилка

Kosilnica

пододеяльник

Rjuha

покрывало

Posteljno pregrinjalo

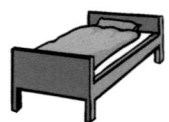

кровать

Postelja

метла

Metla

ведро

Vedro

выключатель

Stikalo

гостиная
Dnevna soba

обои
Tapeta
рисунок
Slika
лампа
Svetilka
полка
Polica
шкаф
Omara
телевизор
Televizor
камин
Kamin
цветок
Cvetlica
подушка
Blazina
диван
Zofa
ваза
Vaza
пульт дистанционного управления
Daljinski upravljalnik

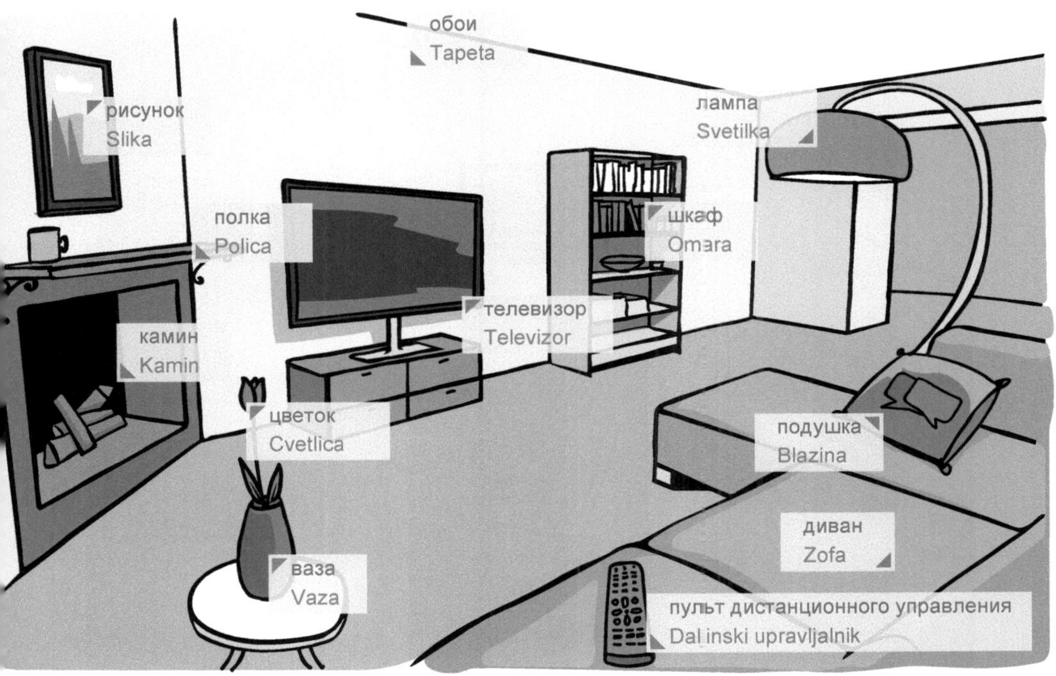

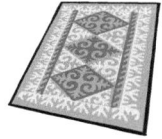

ковёр
Preproga

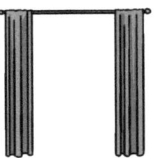

штора
Zavesa

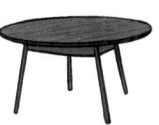

стол
Miza

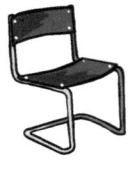

стул
Stol

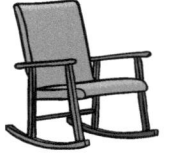

кресло-качалка
Gugalnik

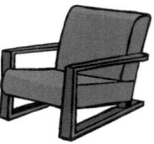

кресло
Naslanjač

книга

Knjiga

покрывало

Odeja

украшение

Dekoracija

дрова

Drva

фильм

Film

стереосистема

Glasbeni stolp

ключ

Ključ

газета

Časopis

картина

Slika

плакат

Plakat

радио

Radio

блокнот

Beležka

пылесос

Sesalnik

кактус

Kaktus

свеча

Sveča

кухня
Kuhinja

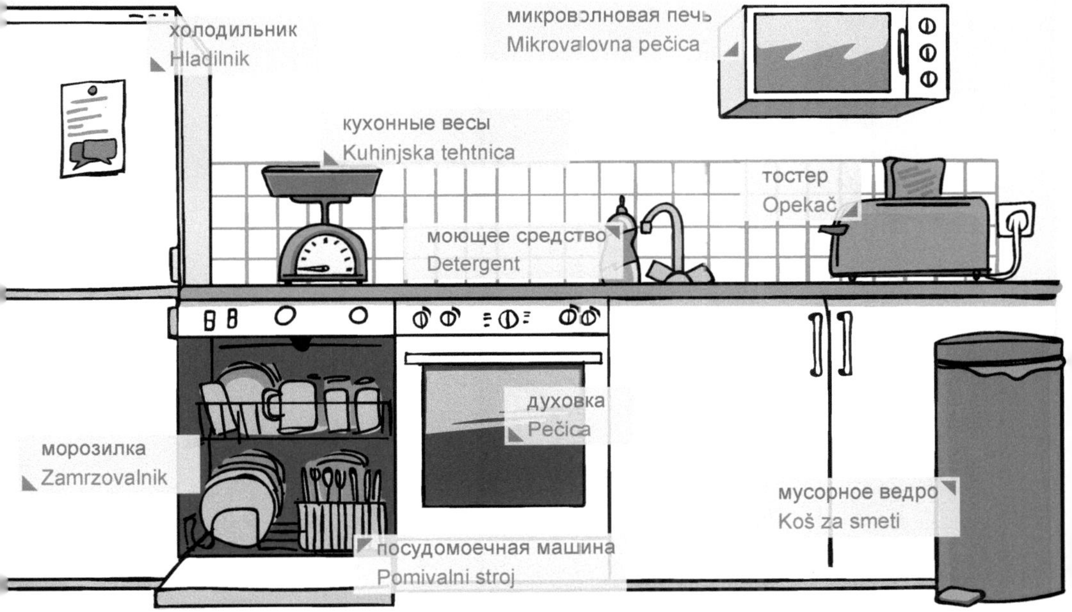
холодильник
Hladilnik
микровэлновая печь
Mikrovalovna pečica
кухонные весы
Kuhinjska tehtnica
тостер
Opekač
моющее средство
Detergent
духовка
Pečica
морозилка
Zamrzovalnik
мусорное ведро
Koš za smeti
посудомоечная машина
Pomivalni stroj

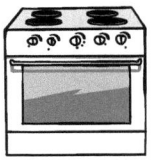

плита

Kozica

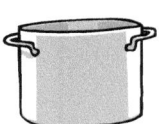

кастрюля

Lonec

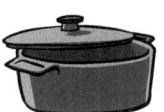

чугунный котелок

Litoželezni lonec

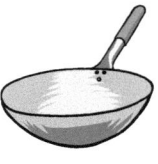

вок / кадай

Vok / kadai

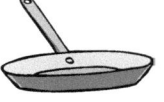

сковорода

Ponev

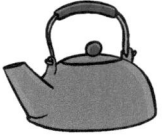

чайник

Kotliček

пароварка

Parni kuhalnik

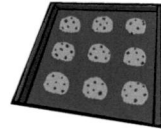

противень

Pekač

посуда

Posoda

кружка

Skodelica

миска

Skleda

палочки для еды

Jedilne paličice

половник

Zajemalka

лопатка

Lopatica

сбивалка

Metlica

сито

Cedilnik

сито

Cedilo

тёрка

Strgalo

ступка

Možnar

гриль

Žar

костёр

Ognjišče

доска

Deska za rezanje

скалка

Valjar

штопор

Odpirač za steklenice

жестяная банка

Pločevinka

консервный нож

Odpirač za konzervǝ

прихватка

Prijemalka za posodo

раковина

Korito

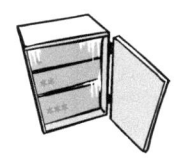

щетка

Ščetka

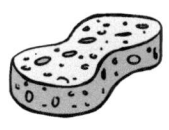

губка

Goba

миксер

Mešalnik

морозильная камера

Zamrzovalna skrinja

бутылочка для кормления

Steklenička

кран

Pipa

ванная комната

Kopalnica

отопление
Ogrevanje
полотенце
Brisača
пенистая ванна
Peneča kopel
ванна
Kopalna kad
стиральная машина
Pralni stroj
горшок
Kahlica
плитка
Ploščice
душ
Prha
душевая занавеска
Zavesa za prho
стакан
Kozarec
кран
Pipa
раковина
Korito

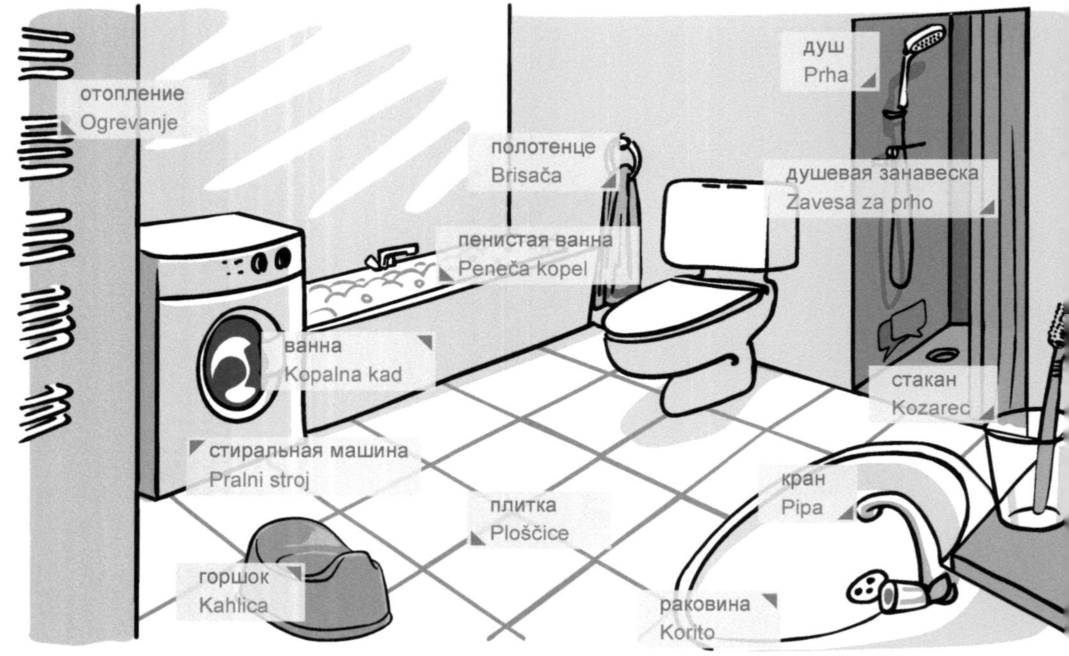

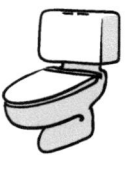

туалет

Stranišče

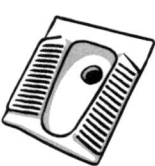

напольный унитаз

Stranišče na počep

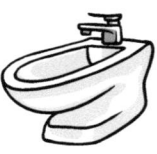

биде

Bide

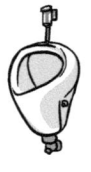

писсуар

Pisoar

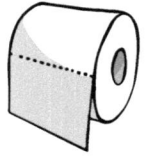

туалетная бумага

Toaletni papir

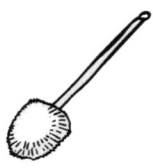

ершик

Ščetka za straniščno školjko

зубная щетка

Zobna ščetka

зубная паста

Zobna pasta

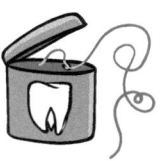

зубная нить

Zobna nitka

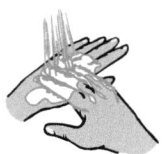

мыть

Umiti se

ручной душ

Ročna prha

интимный душ

Prha za intimne dele

таз

Umivalnik

щетка для спины

Krtača za hrbet

мыло

Milo

гель для душа

Gel za prhanje

шампунь

Šampon

мочалка

Krpica za miljenje

сток

Odtok

крем

Krema

дезодорант

Deodorant

зеркало

Ogledalo

ручное зеркало

Ročno ogledalo

бритва

Britvica

пена для бритья

Pena za britje

лосьон после бритья

Vodica po britju

расческа

Glavnik

щетка

Ščetka

фен

Sušilnik za lase

лак для волос

Lak za lase

косметика

Ličila

губная помада

Šminka

лак для ногтей

Lak za nohte

вата

Vatirane blazinice

маникюрные ножницы

Škarjice za nohte

духи

Parfum

косметичка

Toaletna torbica

табуретка

Stol brez naslonjala

весы

Osebna tehtnica

халат

Kopalni plašč

резиновые перчатки

Gumijaste rokavice

тампон

Tampon

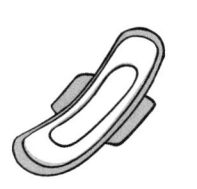

гигиеническая прокладка

Damski vložki

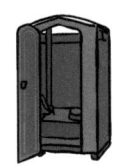

биотуалет

Kemično stranišče

детская комната
Otroška soba

будильник
Budilka
мягкая игрушка
Plišasta igrača
игрушечный автомобиль
Avtomobilček
погремушка
Ropotuljica
кукольный домик
Hiška za punčke
подарок
Darilo

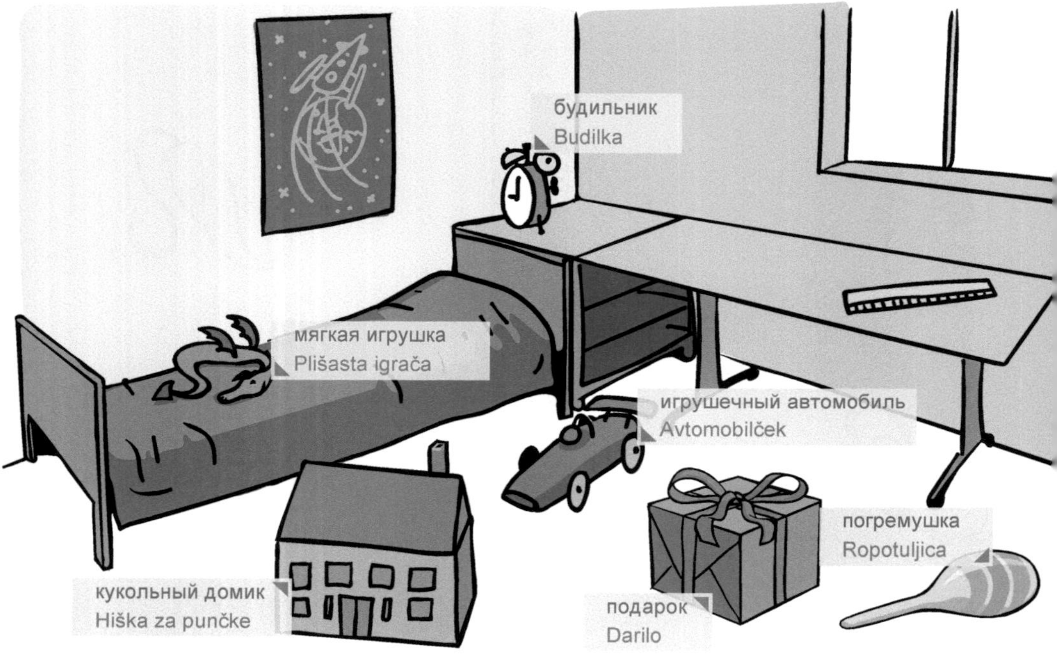

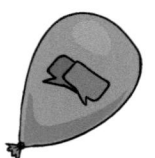

воздушный шар

Balon

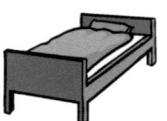

кровать

Postelja

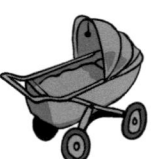

детская коляска

Otroški voziček

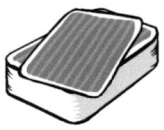

карточная игра

Igralne karte

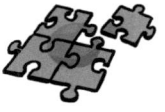

пазл

Sestavljanka

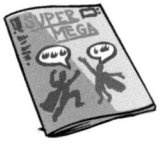

комикс

Strip

кирпичики Лего

Lego kocke

кубики

Igralne kocke

игрушечная фигурка

Akcijska figura

ползунки

Bodi

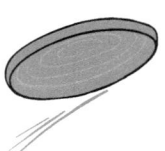

фрисби

Frizbi

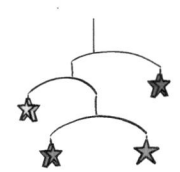

мобиле

Vrtiljak za posteljico

настольная игра

Namizna igra

кубик

Kocka

модель железной дороги

Komplet modelov vlakov

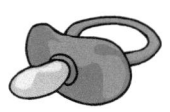

соска

Duda

вечеринка

Zabava

книга с картинками

Slikanica

мяч

Žoga

кукла

Lutka

играть

Igrati se

песочница

Peskovnik

качели

Gugalnica

игрушка

Igrače

игровая приставка

Igralna konzola

трёхколесный велосипед

Tricikel

плюшевый медвежонок

Plišasti medvedek

шкаф для одежды

Garderoba

одежда
Oblačilo

носки

Nogavice

чулки

Samostoječe nogavice

колготки

Hlačne nogavice

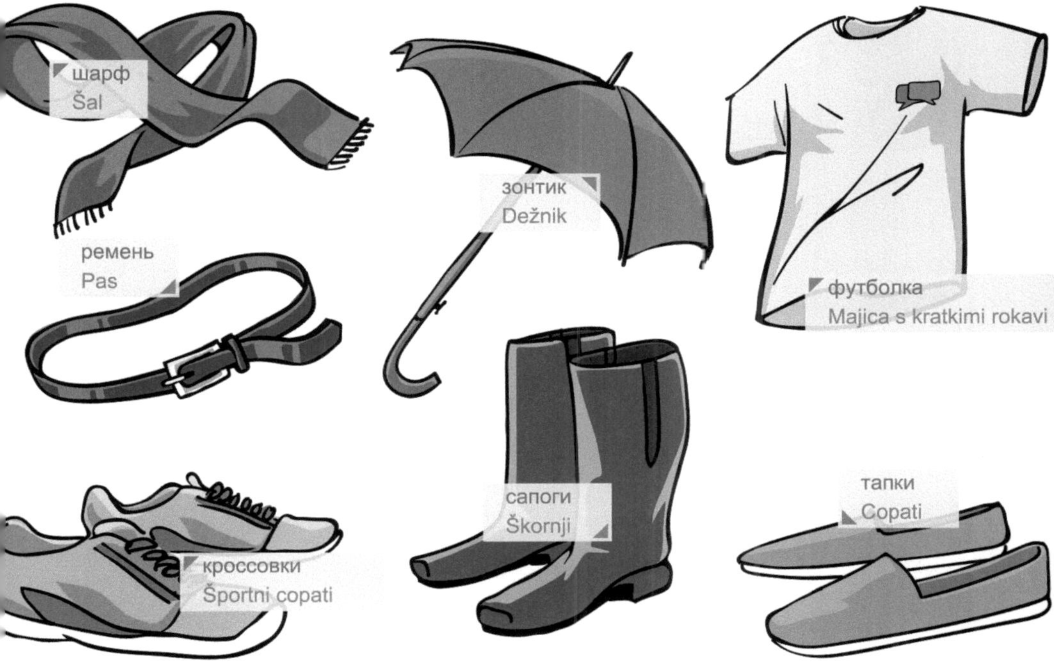

шарф
Šal

ремень
Pas

зонтик
Dežnik

футболка
Majica s kratkimi rokavi

сапоги
Škornji

тапки
Copati

кроссовки
Športni copati

сандалии
Sandali

ботинки
Čevlji

резиновые сапоги
Gumijasti škornji

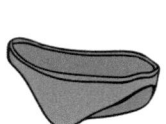
трусы
Spodnje hlače

бюстгальтер
Modrček

майка
Telovnik

боди

Bodi

брюки

Hlače

джинсы

Kavbojke

юбка

Krilo

блузка

Bluza

рубашка

Srajca

свитер

Pulover

свитер

Pletena jopica

спортивная куртка

Jopa

жакет

Jakna

пальто

Plašč

плащ

Dežni plašč

костюм

Kostim

платье

Obleka

свадебное платье

Poročna obleka

мужской костюм

Obleka

ночная сорочка

Spalna srajca

пижама

Pižama

сари

Sari

платок

Naglavna ruta

тюрбан

Turban

паранджа

Burka

кафтан

Kaftan

абайя

Abaja

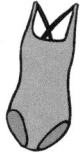

купальник

Kopalke

плавки

Kopalne hlače

шорты

Kratke hlače

спортивный костюм

Trenirka

фартук

Predpasnik

перчатки

Rokavice

пуговица

Gumb

очки

Očala

браслет

Zapestnica

цепочка

Verižica

кольцо

Prstan

серьга

Uhan

шапка

Kapa

вешалка

Obešalnik

шляпа

Klobuk

галстук

Kravata

застежка молния

Zadrga

шлем

Čelada

подтяжки

Naramnice

школьная форма

Šolska uniforma

форма

Uniforma

детский нагрудник
Slinček

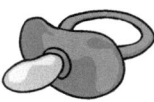

соска
Duda

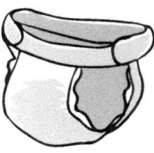

подгузник
Plenica

офис
Pisarna

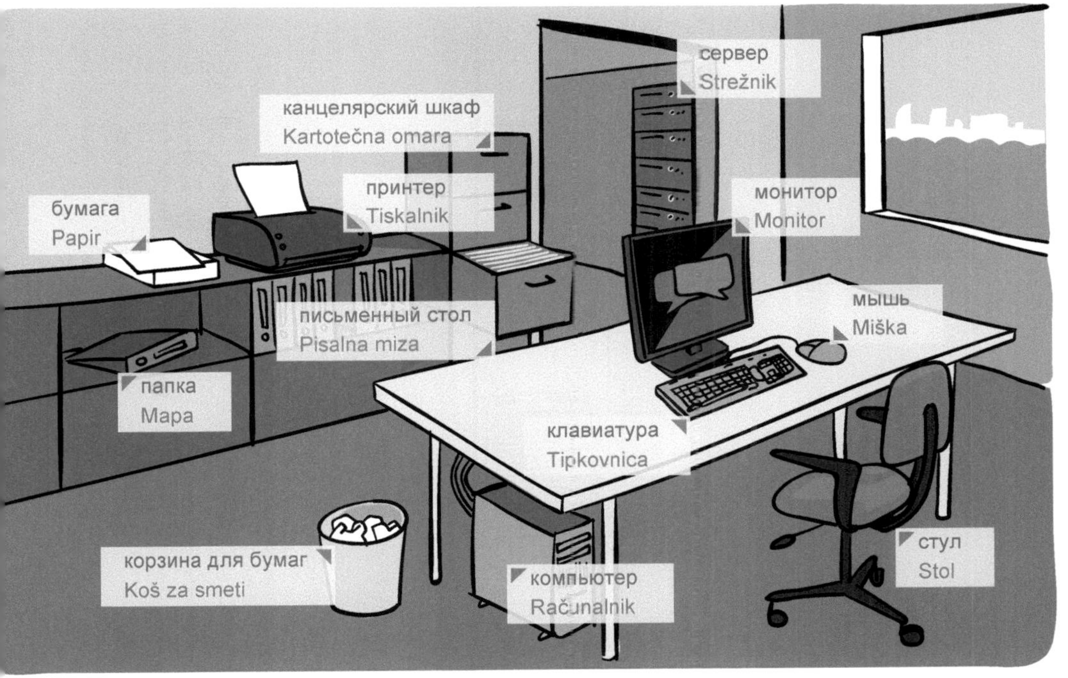

сервер
Strežnik

канцелярский шкаф
Kartotečna omara

принтер
Tiskalnik

монитор
Monitor

бумага
Papir

мышь
Miška

письменный стол
Pisalna miza

папка
Mapa

клавиатура
Tipkovnica

корзина для бумаг
Koš za smeti

компьютер
Računalnik

стул
Stol

кофейная кружка
Lonček za kavo

калькулятор
Kalkulator

интернет
Internet

ноутбук

Prenosnik

письмо

Pismo

сообщение

Sporočilo

мобильный телефон

Mobilnik

сеть

Omrežje

ксерокс

Kopirni stroj

программа

Programska oprema

телефон

Telefon

розетка

Vtičnica

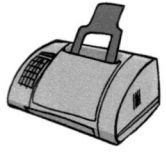

факс

Telefaks

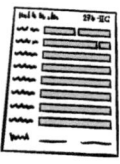

формуляр

Obrazec

документ

Dokument

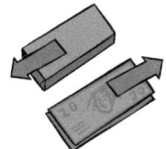

покупать

Kupiti

платить

Plačati

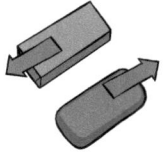

торговать

Trgovati

деньги

Denar

доллар

Dolar

евро

Evro

иена

Jen

рубль

Rubelj

франк

Švicarski frank

жэньминьби юань

Kitajski juan renminbi

рупия

Rupija

банкомат

Bankomat

пункт обмена валюты

Menjalnica

золото

Zlato

серебро

Srebro

нефть

Nafta

энергия

Energija

цена

Cena

договор

Pogodba

налог

Davek

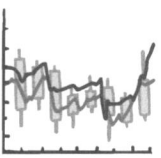

акция

Delnice

работать

Delati

служащий

Delojemalec

работодатель

Delodajalec

фабрика

Tovarna

магазин

Trgovina

профессии
Poklici

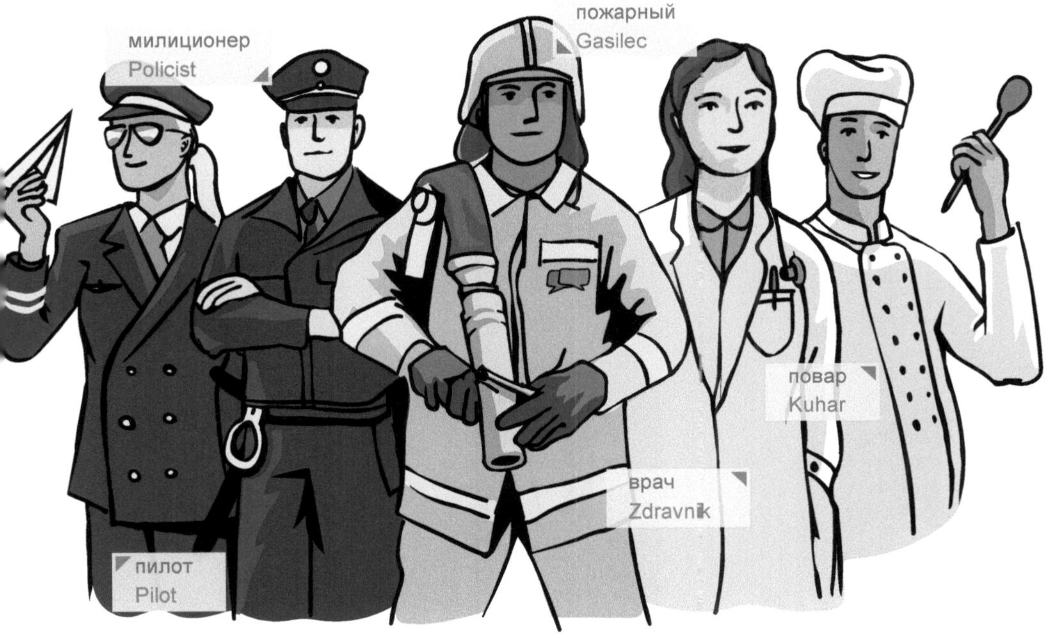
пожарный
Gasilec
милиционер
Policist
повар
Kuhar
врач
Zdravnik
пилот
Pilot

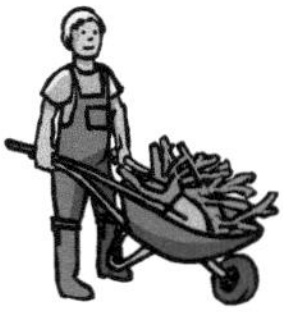

садовник

Vrtnar

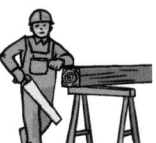

столяр

Mizar

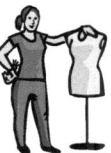

швея

Šivilja

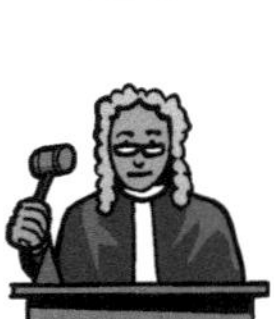

судья

Sodnik

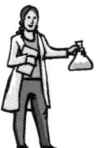

химик

Kemik

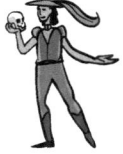

актёр

Igralec

водитель автобуса

Voznik avtobusa

таксист

Taksist

рыбак

Ribič

уборщица

Čistilka

кровельщик

Krovec

официант

Natakar

охотник

Lovec

художник

Pleskar

пекарь

Pek

электрик

Električar

строитель

Gradbenik

инженер

Inženir

мясник

Mesar

сантехник

Vodovodni inštalater

почтальон

Poštar

солдат

Vojak

архитектор

Arhitekt

кассир

Blagajnik

флорист

Cvetličar

парикмахер

Frizer

кондуктор

Sprevodnik

механик

Mehanik

капитан

Kapitan

зубной врач

Zobozdravnik

ученый

Znanstvenik

раввин

Rabin

имам

Imam

монах

Menih

священник

Duhovnik

инструменты
Orodje

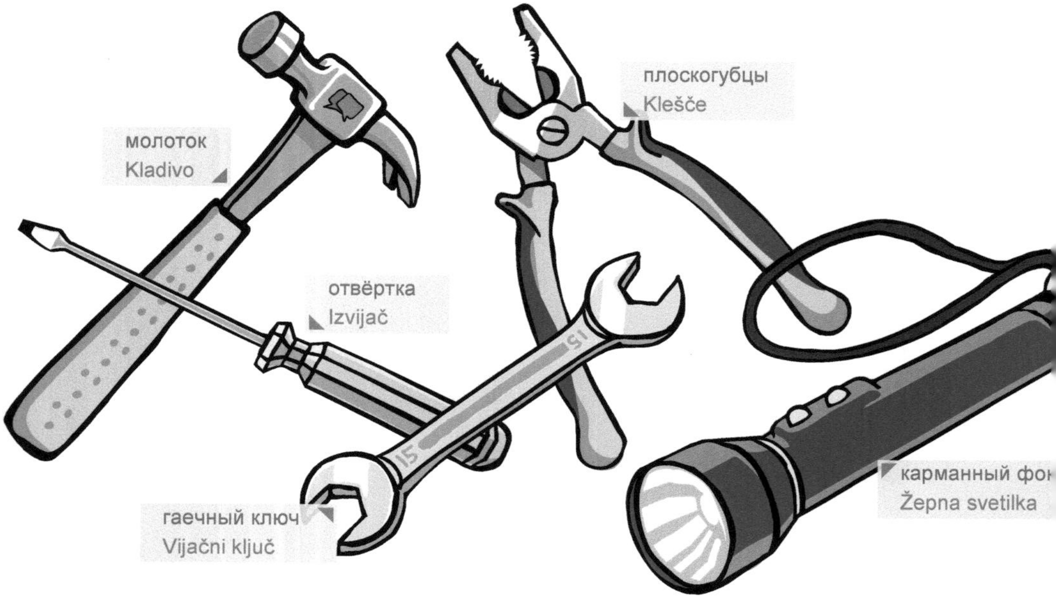

молоток
Kladivo
плоскогубцы
Klešče
отвёртка
Izvijač
гаечный ключ
Vijačni ključ
карманный фо
Žepna svetilka

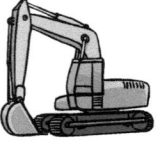

экскаватор

Bager

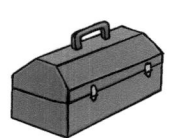

ящик для инструментов

Zaboj z orodjem

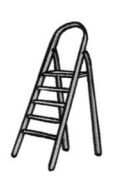

стремянка

Lestev

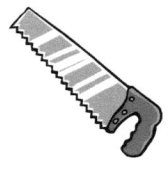

пила

Žaga

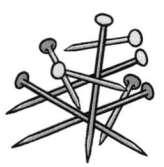

гвозди

Žeblji

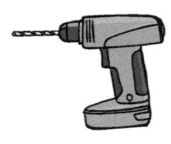

дрель

Vrtalnik

ремонтировать

Popraviti

лопата

Lopata

Блин!

Šment!

совок

Smetišnica

ведро с краской

Posoda z barvo

винты

Vijaki

музыкальные инструменты
Glasbeni instrument

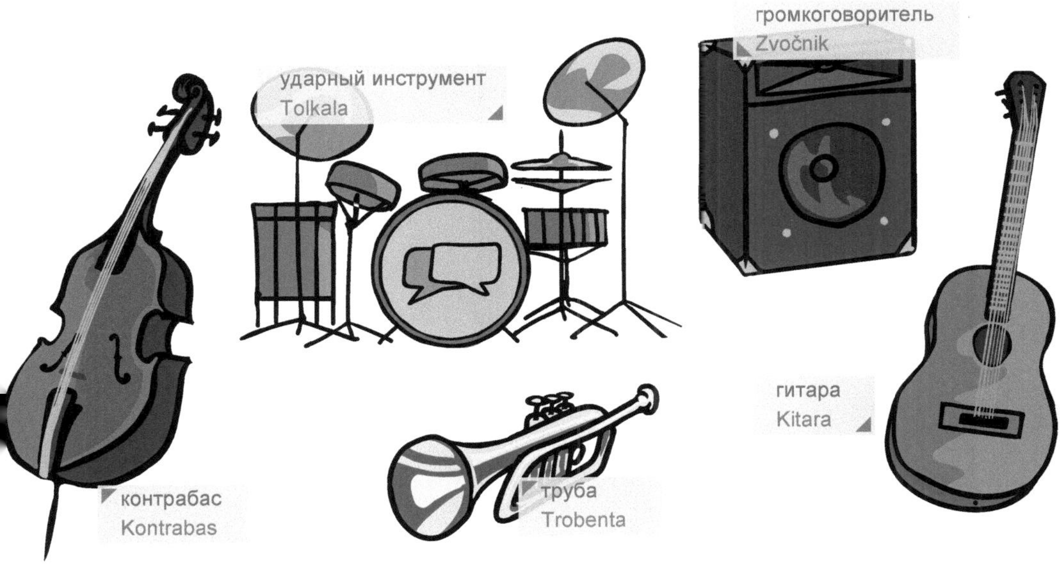

громкоговоритель
Zvočnik

ударный инструмент
Tolkala

гитара
Kitara

контрабас
Kontrabas

труба
Trobenta

пианино

Klavir

скрипка

Violina

бас-гитара

Bas kitara

литавры

Pavke

барабан

Bobni

синтезатор

Sintetizator

саксофон

Saksofon

флейта

Flavta

микрофон

Mikrofon

зоопарк
Živalski vrt

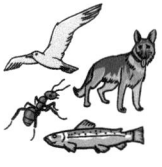

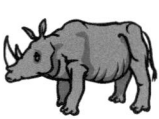

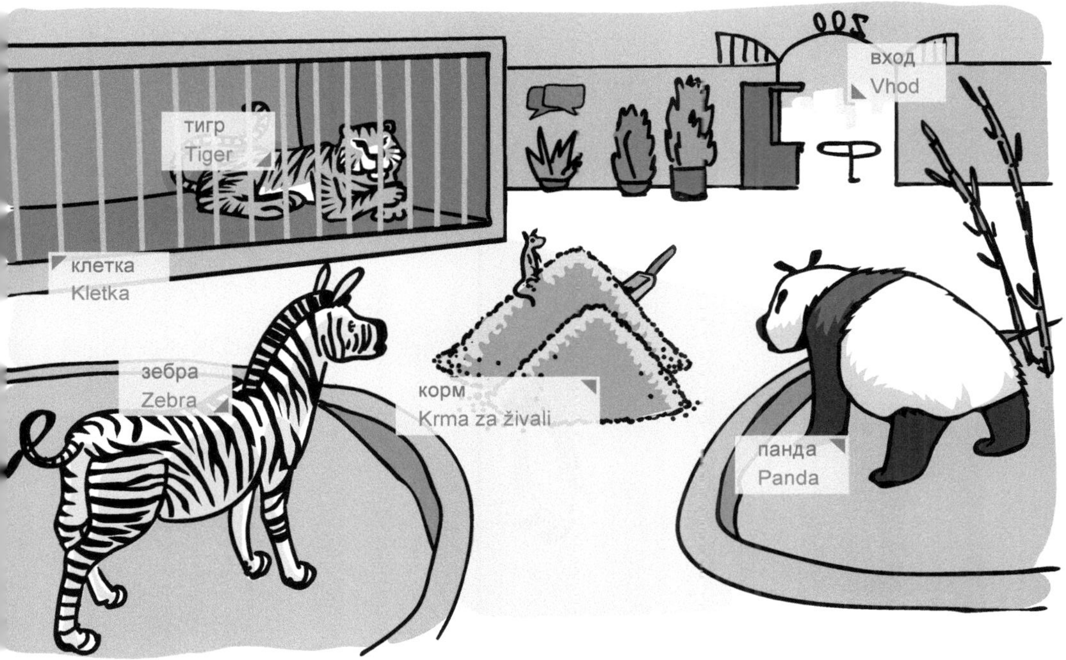

вход
Vhod
тигр
Tiger
клетка
Kletka
зебра
Zebra
корм
Krma za živali
панда
Panda

животные

Živali

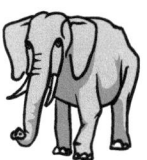

слон

Slon

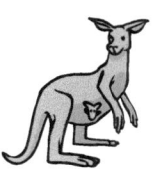

кенгуру

Kenguru

носорог

Nosorog

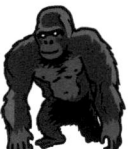

горилла

Gorila

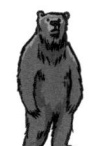

медведь

Medved

верблюд

Kamela

страус

Noj

лев

Lev

обезьяна

Opica

фламинго

Plamenec

попугай

Papagaj

белый медведь

Severni medved

пингвин

Pingvin

акула

Morski pes

павлин

Pav

змея

Kača

крокодил

Krokodil

служитель зоопарка

Oskrbnik v živalskem vrtu

тюлень

Tjulenj

ягуар

Jaguar

пони

Poni

леопард

Leopard

бегемот

Povodni konj

жираф

Žirafa

орёл

Orel

кабан

Divji prašič

рыба

Riba

черепаха

Želva

морж

Mrož

лиса

Lisica

газель

Gazela

американский футбол
Ameriški nogomet

езда на велосипеде
Kolesarjenje

теннис
Tenis

баскетбол
Košarka

плавание
Plavanje

бокс
Boks

хоккей
Hokej

футбол
Nogomet

бадминтон
Badminton

лёгкая атлетика
Atletika

гандбол
Rokomet

лыжный спорт
Smučanje

поло
Polo

действия
Dejavnosti

смеяться
Smejati se
прыгать
Skočiti
обнимать
Objeti
идти
Hoditi
петь
Peti
мечтать
Sanjati
молиться
Moliti
целовать
Poljubiti

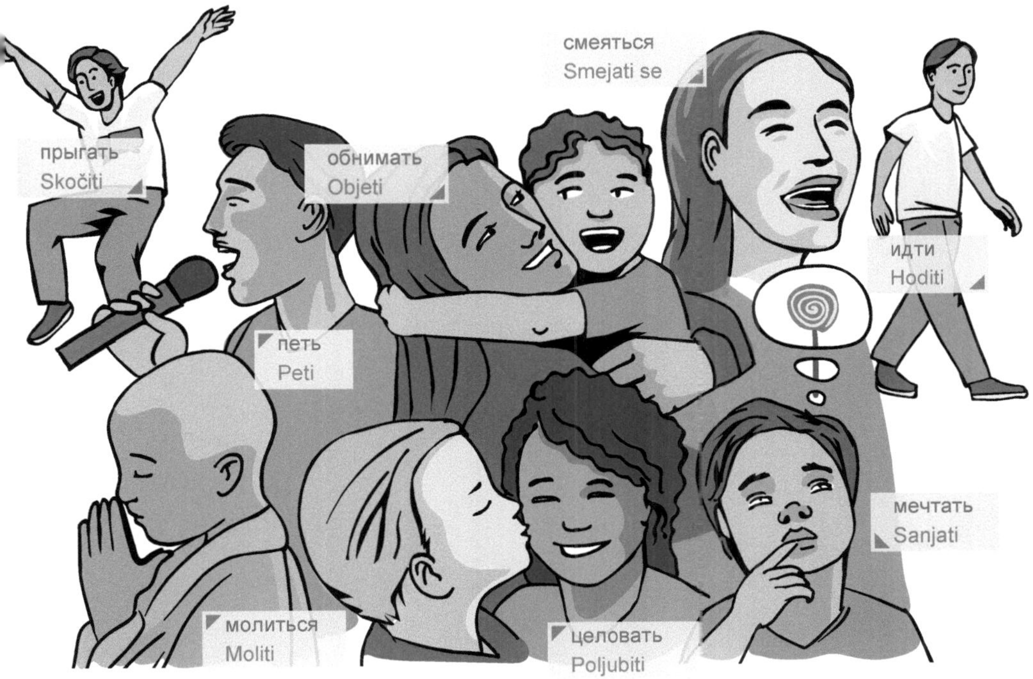

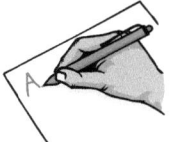

писать
Pisati

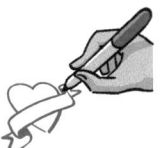

рисовать
Risati

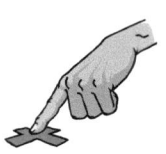

показывать
Pokazati

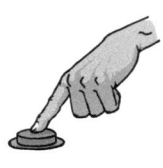

нажимать
Potisniti

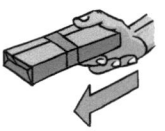

давать
Dati

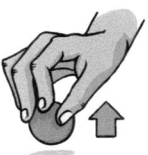

брать
Vzeti

иметь

Imeti

делать

Narediti

быть

Biti

стоять

Stati

бежать

Teči

тянуть

Vleči

бросать

Vreči

падать

Pasti

лежать

Ležati

ждать

Čakati

носить

Nositi

сидеть

Sedeti

надевать

Obleči se

спать

Spati

просыпаться

Zbuditi se

рассматривать

Gledati

плакать

Jokati

гладить

Božati

причесывать

Česati se

говорить

Govoriti

понимать

Razumeti

спрашивать

Vprašati

слушать

Poslušati

пить

Piti

кушать

Jesti

наводить порядок

Pospraviti

любить

Ljubiti

готовить

Kuhati

ехать

Voziti

летать

Leteti

ходить под парусом

Jadrati

считать

Računanje

читать

Brati

учиться

Učiti se

работать

Delati

вступать в брак

Poročiti se

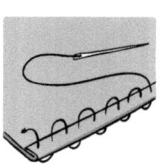

шить

Šivati

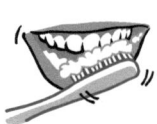

чистить зубы

Ščetkati si zobe

убивать

Ubiti

курить

Kaditi

отправлять

Poslati

бабушка
Stara mati

дедушка
Stari oče

папа
Oče

мама
Mati

младенец
Dojenček

дочь
Hči

сын
Sin

гость

Gost

тетя

Teta

дядя

Stric

брат

Brat

сестра

Sestra

тело

Telo

лоб
Čelo
глаз
Oko
плечо
Rama
палец
Prst
лицо
Obraz
подбородок
Brada
кисть
Dlan
нога
Noga
грудь
Prsi
рука
Roka

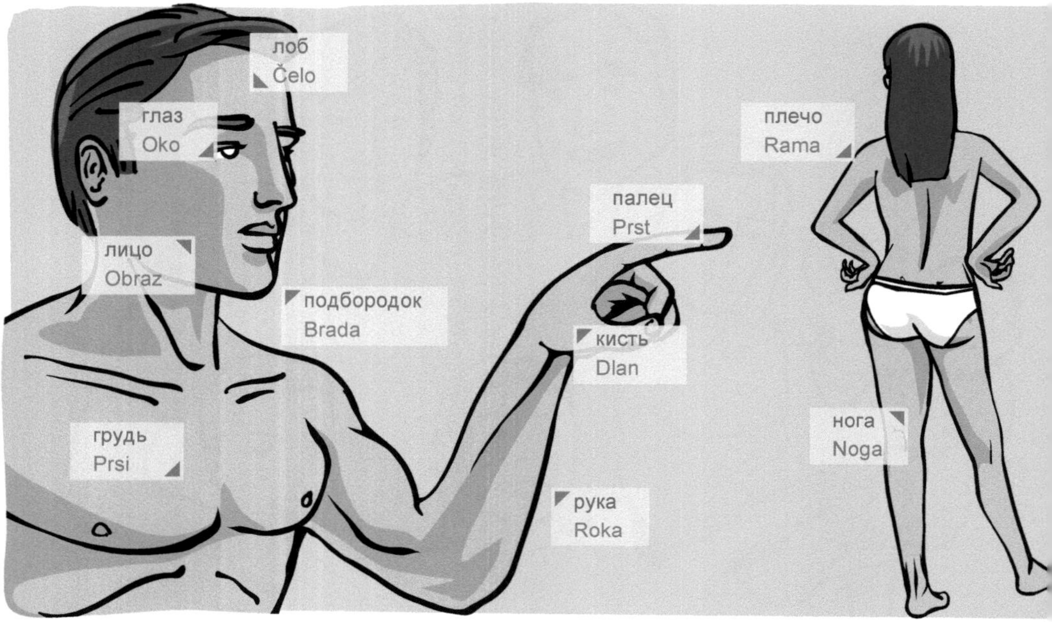

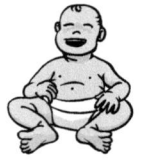

младенец

Dojenček

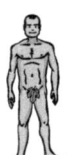

мужчина

Človek

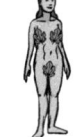

женщина

Ženska

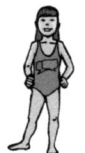

девочка

Dekle

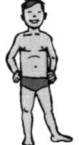

мальчик

Fant

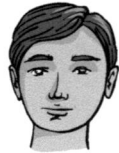

голова

Glava

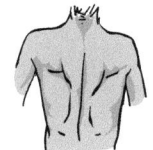

спина

Hrbet

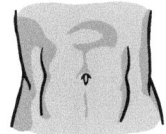

живот

Trebuh

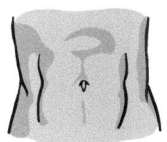

пупок

Popek

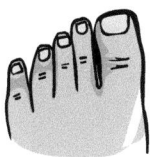

палец ноги

Prst na nogi

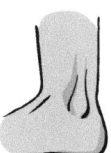

пятка

Peta

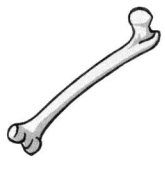

кость

Kost

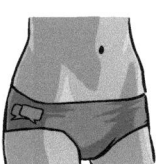

бедро

Kolk

колено

Koleno

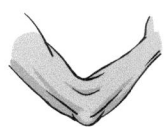

локоть

Komolec

нос

Nos

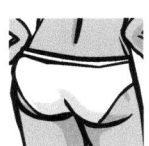

ягодицы

Zadnjica

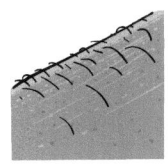

кожа

Koža

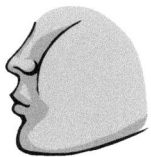

щека

Lice

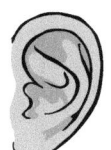

ухо

Uho

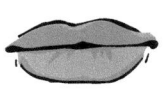

губа

Ustnica

тело - Telo

рот
Usta

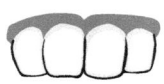

зуб
Zob

язык
Jezik

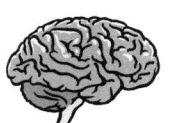

мозг
Možgani

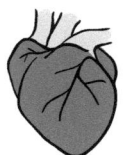

сердце
Srce

мышца
Mišica

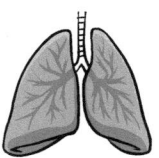

лёгкое
Pljuča

печень
Jetra

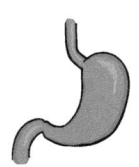

желудок
Želodec

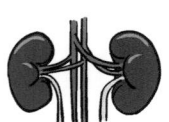

почки
Ledvice

половой акт
Spolni odnos

презерватив
Kondom

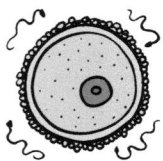

яйцеклетка
Jajčece

сперма
Semenska tekočina

беременность
Nosečnost

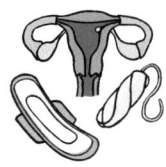

менструация

Menstruacija

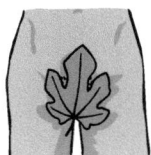

вагина

Vagina

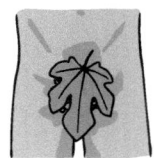

пенис

Penis

бровь

Obrv

волосы

Lasje

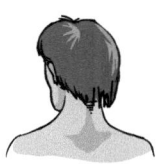

шея

Vrat

больница
Bolnišnica

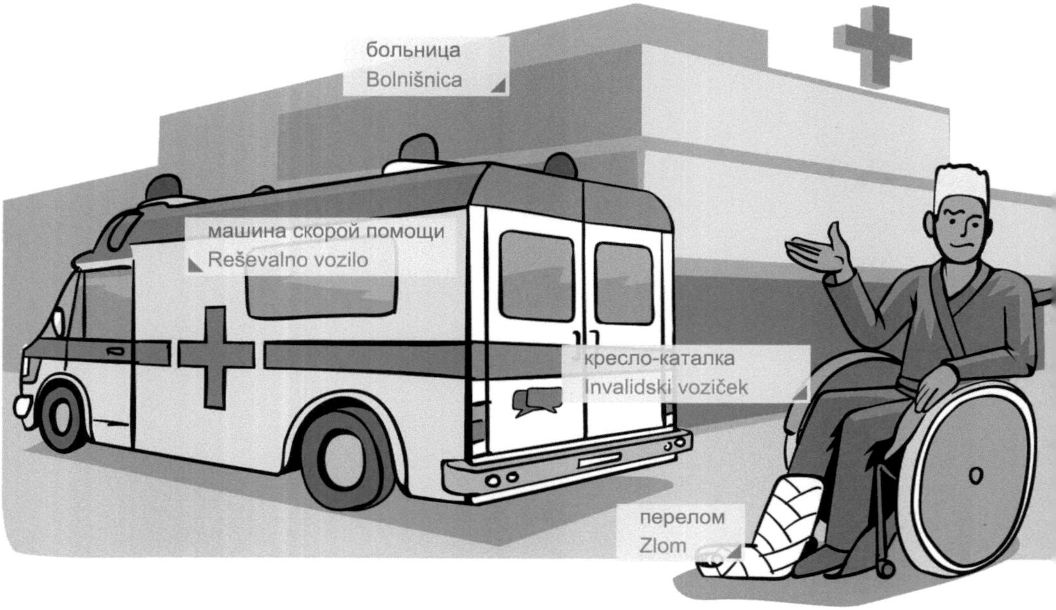

больница
Bolnišnica
машина скорой помощи
Reševalno vozilo
кресло-каталка
Invalidski voziček
перелом
Zlom

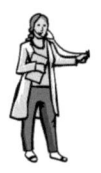

врач

Zdravnik

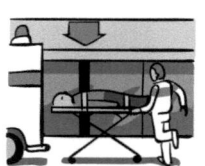

пункт первой помощи

Urgenca

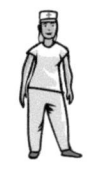

медсестра

Medicinska sestra

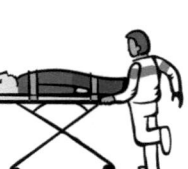

неотложный случай

Nujni primer

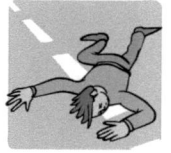

без сознания

Nezavesten

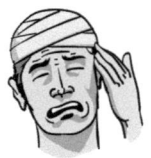

боль

Bolečina

повреждение

Poškodba

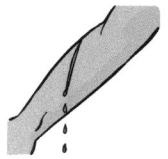

кровотечение

Krvavenje

инфаркт

Srčni infarkt

инсульт

Kap

аллергия

Alergija

кашель

Kašelj

повышенная температура

Vročina

грипп

Gripa

понос

Driska

головная боль

Glavobol

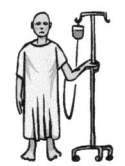

рак

Rak

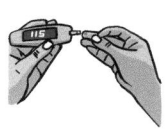

диабет

Sladkorna bolezen

хирург

Kirurg

скальпель

Skalpel

операция

Operacija

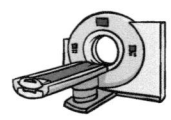

КТ

CT

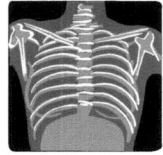

рентген

Rentgen

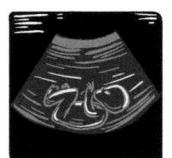

ультразвук

Ultrazvok

маска

Obrazna maska

болезнь

Bolezen

приёмная

Čakalnica

костыль

Bergla

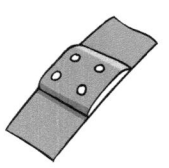

пластырь

Obliž

бинт

Preveza

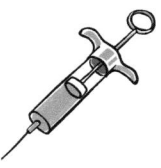

укол

Injekcija

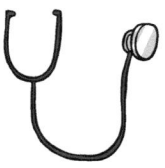

стетоскоп

Stetoskop

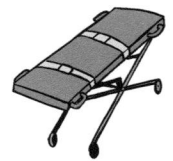

носилки

Nosila

термометр

Klinični termometer

рождение

Porod

избыточный вес

Prekomerna teža

слуховой аппарат

Slušni pripomoček

дезинфекционное средство

Razkužilo

инфекция

Okužba

вирус

Virus

ВИЧ / СПИД

HIV / AIDS

лекарство

Medicina

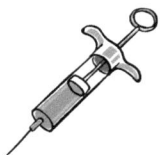

прививка

Cepljenje

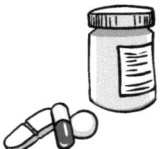

таблетки

Tablete

противозачаточная таблетка

Tableta

экстренный вызов

Klic v sili

прибор для измерения кровяного давления

Merilnik krvnega tlaka

больной / здоровый

bolano / zdravo

Помогите!

Na pomoč!

нападение

Napad

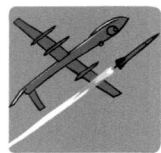

атака

Napad

сигнал тревоги

Alarm

запасной выход

Izhod v sili

опасность

Nevarnost

несчастный случай

Nezgoda

Пожар!

Gori!

огнетушитель

Gasilni aparat

аптечка

Komplet za prvo pomoč

SOS

SOS

милиция

Policija

Европа

Evropa

Северная Америка

Severna Amerika

Южная Америка

Južna Amerika

Африка

Afrika

Азия

Azija

Австралия

Avstralija

Атлантический океан

Atlantski ocean

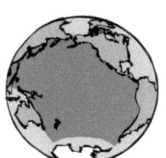

Тихий океан

Tihi ocean

Индийский океан

Indijski ocean

Антарктический океан

Južni ocean

Северный Ледовитый океан

Arktični ocean

Северный полюс

Severni tečaj

Южный полюс

Južni tečaj

Антарктика

Antarktika

земля

Zemlja

суша

Kopno

море

Morje

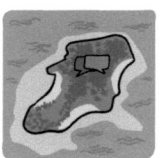

остров

Otok

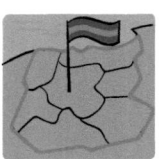

нация

Narod

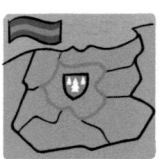

государство

Država

циферблат

Številčnica

часовая стрелка

Urni kazalec

минутная стрелка

Minutni kazalec

секундная стрелка

Sekundni kazalec

Который час?

Koliko je ura?

день

Dan

время

Čas

сейчас

Zdaj

электронные часы

Digitalna ura

минута

Minuta

час

Ura

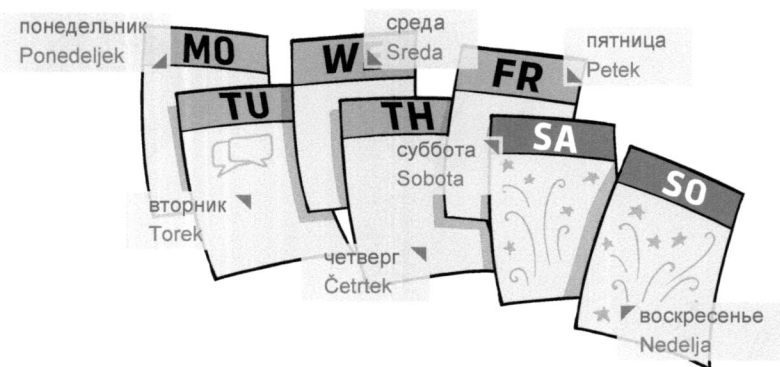

понедельник
Ponedeljek — MO

среда
Sreda — W

пятница
Petek — FR

TU

TH

суббота
Sobota — SA

вторник
Torek

четверг
Četrtek

SO

воскресенье
Nedelja

вчера
Včeraj

сегодня
Danes

завтра
Jutri

утро
Jutro

полдень
Poldne

вечер
Večer

рабочие дни
Delovni dnevi

выходные
Konec tedna

год

Leto

дождь
Dež
радуга
Mavrica
ветер
Veter
снег
Sneg
весна
Pomlad
осень
Jesen
лето
Poletje
зима
Zima

4.APRIL 11°
5.APRIL 4°
6.APRIL 13°
7.APRIL 8°
8.APRIL 10°

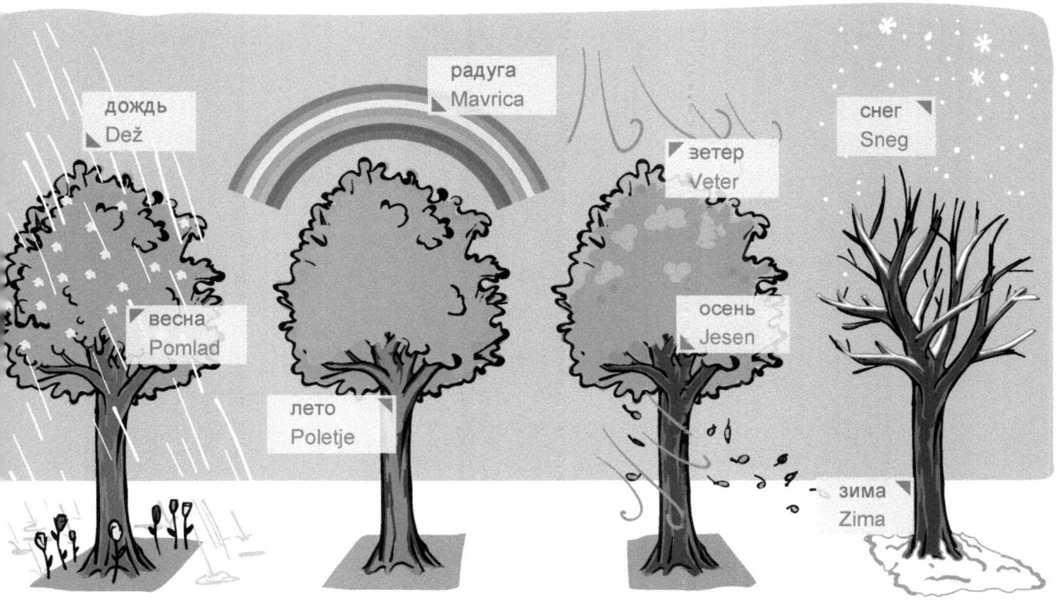

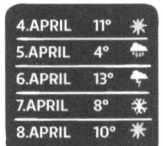

прогноз погоды

Vremenska napoved

F
C
120
90
60
30
0
-30
40
30
20
10
0
-10
-20

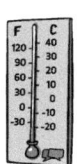

термометр

Termometer

солнечный свет

Sončna svetloba

туча

Oblak

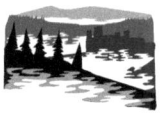

туман

Megla

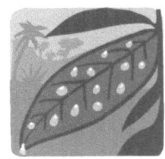

влажность воздуха

Vlažnost

молния

Strela

гром

Grom

буря

Nevihta

град

Toča

муссон

Monsun

наводнение

Poplava

лёд

Led

январь

Januar

февраль

Februar

март

Marec

апрель

April

май

Maj

июнь

Junij

июль

Julij

август

Avgust

год - Leto

сентябрь

September

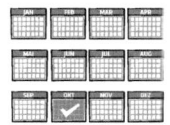

октябрь

Oktober

ноябрь

November

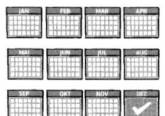

декабрь

December

формы
Oblike

круг

Krogla

квадрат

Kvadrat

прямоугольник

Pravokotnik

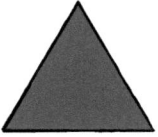

треугольник

Trikotnik

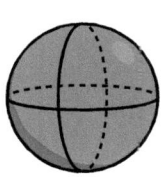

шар

Krogla

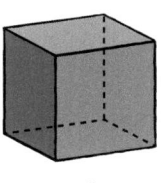

куб

Kocka

белый

Bela

желтый

Rumena

оранжевый

Oranžna

розовый

Rožnata

красный

Rdeča

лиловый

Vijolična

синий

Modra

зелёный

Zelena

коричневый

Rjava

серый

Siva

черный

Črna

много / мало

veliko / malo

яростный / мирный

jezno / umirjenc

красивый / уродливый

lepo / grdo

начало / конец

začetek / konec

большой / маленький

veliko / majhnc

светлый / темный

svetlo / temno

брат / сестра

brat / sestra

чистый / грязный

čisto / umazano

полный / неполный

popolno / nepopolno

день / ночь

dan / noč

мёртвый / живой

mrtvo / živo

широкий / узкий

široko / ozko

съедобный / несъедобный

užitno / neužitno

злой / дружелюбный

zlobno / prijazno

взволнованный / скучающий

vznemirjeno / zdolgočaseno

толстый / худой

debelo / vitko

сначала / в конце

prvo / zadnje

друг / враг

prijatelj / sovražnik

полный / пустой

polno / prazno

твёрдый / мягкий

trdo / mehko

тяжёлый / легкий

težko / lahko

голод / жажда

lakota / žeja

больной / здоровый

bolano / zdravo

незаконный / законный

nezakonito / zakonito

умный / глупый

pametno / neumno

слева / справа

levo / desno

близко / далеко

blizu / daleč

новый / подержанный

novo / rabljeno

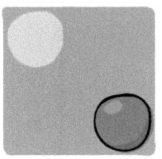

ничто / нечто

nič / nekaj

старый / молодой

staro / mlado

включено / выключено

vklopljeno / izklopljeno

открыто / закрыто

odprto / zaprto

тихо / громко

tiho / glasno

богатый / бедный

bogato / revno

правильный / неправильный

prav / narobe

шероховатый / гладкий

grobo / gladko

печальный / счастливый

žalostno / veselo

короткий / длинный

kratko / dolgo

медленный / быстрый

počasi / hitro

мокрый / сухой

mokro / suho

тёплый / прохладный

toplo / hladno

война / мир

vojna / mir

0

ноль

Ničla

1

один

Ena

2

два

Dva

3

три

Tri

4

четыре

Štiri

5

пять

Pet

6

шесть

Šest

7

семь

Sedem

8

восемь

Osem

9

девять

Devet

10

десять

Deset

11

одиннадцать

Enajst

12

двенадцать

Dvanajst

13

тринадцать

Trinajst

14

четырнадцать

Štirinajst

15

пятнадцать

Petnajst

16

шестнадцать

Šestnajst

17

семнадцать

Sedemnajst

18

восемнадцать

Osemnajst

19

девятнадцать

Devetnajst

20

двадцать

Dvajset

100

сто

Sto

1.000

тысяча

Tisoč

1.000.000

миллион

Milijon

английский
....
Angleščina

американский английский
....
Ameriška angleščina

мандаринский китайский
....
Mandarinščina

хинди
....
Hindujščina

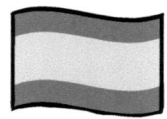

испанский
....
Španščina

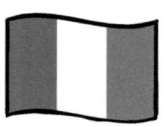

французский
....
Francoščina

арабский
....
Arabščina

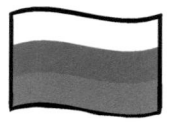

русский
....
Ruščina

португальский
....
Portugalščina

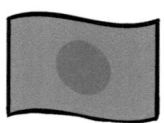

бенгальский
....
Bengalščina

немецкий
....
Nemščina

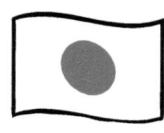

японский
....
Japonščina

я
Jaz

ты
Ti

он / она / оно
On / ona / tisto

мы
Mi

вы
Vi

они
Oni

кто?
Kdo?

что?
Kaj?

как?
Kako?

где?
Kje?

когда?
Kdaj?

имя
Ime

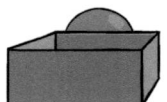

за
Zadaj

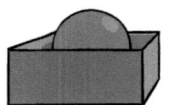

в
V

перед
Pred

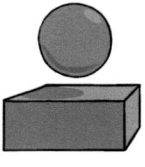

над
Nad

на
Na

под
Pod

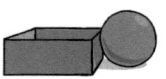

рядом
Poleg

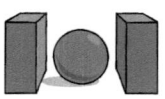

между
Med

место
Kraj